全国职业院校烹饪专业教材

饮食业基础知识习题册

卢红华　主编

中国劳动社会保障出版社

简　介

本书为全国职业院校烹饪专业教材《饮食业基础知识》的配套习题册。本书题型多样，包括填空题、判断题、单项选择题、问答题、计算题等，力求充分体现教材的重点和难点，反映实际工作中将接触的具体问题，使学生能够掌握有关知识和原理，并具有解决实际问题的能力。

本书由卢红华任主编，王爱明、陈慧婵参与编写。

图书在版编目（CIP）数据

饮食业基础知识习题册 / 卢红华主编 . -- 北京：中国劳动社会保障出版社，2021
全国职业院校烹饪专业教材
ISBN 978-7-5167-5000-1

Ⅰ. ①饮…　Ⅱ. ①卢…　Ⅲ. ①饮食业 - 基本知识 - 中等专业学校 - 教材　Ⅳ. ①F719

中国版本图书馆 CIP 数据核字（2021）第 217395 号

中国劳动社会保障出版社出版发行

（北京市惠新东街 1 号　邮政编码：100029）

*

涿州市星河印刷有限公司印刷装订　新华书店经销

787 毫米 × 1092 毫米　16 开本　3 印张　55 千字

2021 年 11 月第 1 版　　2025 年 12 月第 5 次印刷

定价：6.00 元

营销中心电话：400-606-6496

出版社网址：http://www.class.com.cn

http://jg.class.com.cn

目　录

第一章　饮食业概述…………………………………………………………… 001

第二章　饮食企业组织结构与人员配备……………………………………… 004

第三章　菜单策划与设计……………………………………………………… 008

第四章　原材料管理…………………………………………………………… 013

第五章　厨房生产与管理……………………………………………………… 018

第六章　餐厅服务与管理……………………………………………………… 023

第七章　饮食成本核算与控制………………………………………………… 028

第八章　饮食企业市场营销…………………………………………………… 034

模拟试卷………………………………………………………………………… 040

第一章　饮食业概述

一、填空题

1. 商业性饮食企业或饮食部门主要以________为经营目的，并以此获得生存与发展，它们是饮食行业的________。

2. 国内饮食业的分类主要是为了便于进行评估、督导而形成的，大致可分为旅游饭店、________、________、________及摊贩五大类。

3. 传统餐厅是指顾客正式用餐的场所。按产品口味不同，餐厅一般可分为________和________两种。

4. 自助餐的宗旨是以________的价格快速供应营养丰富、________的食品。

5. 中餐有山东（鲁）菜、江苏（淮扬）菜、________菜和________菜等不同风味，细分则更多，并在口味上有南________、北________、东________、西________之说。

6. 饮食业的可组合性主要体现在三个方面：一是________的可组合性，二是________及服务方式的可组合性，三是菜品、饮料、环境、服务等要素的________。

7. 饮食业兼有________、________和________三种职能。

二、判断题

1. 饮食业一般包括各种类型的餐馆、酒吧、咖啡厅、流动饮食摊，以及宾馆、娱乐场所等单位中的饮食部门。（　　）

2. 从广义上讲，饮食业不应包括以后勤保障为主要目的的饮食服务部门。（　　）

3. 饮食业在目前条件下主要还是以机械操作为主。（　　）

4. 饮食产品的文化性使饮食企业经营的饮食产品具有一定的文化附加价值。（　　）

5. 饮食业的经营活动受季节、气候、节假日、地理位置、交通条件等多种因素的影响，特别是受旅游业发展程度及季节波动性的影响。（　　）

6. 在饮食企业密集的地方，往往会出现“商业吸引商业、人流吸引人流”的现象。（　　）

7. 我国饮食行业是一个完全竞争的行业，市场空间巨大，行业壁垒高。（　　）

三、单项选择题

1. 下列选项中，不属于中国四大菜系的是（　　）。

A. 鲁菜　　B. 粤菜　　C. 川菜　　D. 浙菜

2. 下列选项中，不属于现代饮食业需求发展趋势的是（　　）。

A. 饮食消费普遍化　　B. 菜品、菜系潮流化

C. 饮食口味多样化　　D. 经营连锁化

3. 下列选项中，不属于饮食业的是（　　）。

A. 餐馆　　B. 酒吧　　C. 流动饮食摊　　D. 食品店

4. 大部分西餐厅都供应套餐，其顺序是（　　）。

A. 汤、沙拉、主菜、甜点、餐后饮料

B. 饮料、沙拉、主菜、甜点、汤

C. 汤、主菜、甜点、沙拉、餐后饮料

D. 沙拉、主菜、甜点、汤、餐后饮料

四、问答题

1. 简述饮食业的概念。

2. 饮食业在国民经济中的地位是怎样的?

3. 饮食业有哪些基本特点?

4. 饮食业的经营特点有哪些?

5. 简述我国饮食业的发展现状。

6. 我国饮食业的发展趋势是什么?

第二章　饮食企业组织结构与人员配备

一、填空题

1. 合理有效的组织结构是饮食企业有效开展________、顺利实现________的重要保证。

2. 管理幅度的大小取决于领导者和职工的素质、________的复杂程度、各部门在空间的________、职能部门的健全程度以及管理手段________等条件。

3. 按照职能不同，饮食企业内部组织可以分为业务经营部门、________部门和________部门。

4. 饮食企业业务经营部门是直接从事原材料采购、________以及饮食产品生产、销售和________的部门。

5. 管理部门是负责计划、________、________、________和协调工作的机构，如财务、人事等部（科、组）。

6. 企业组织结构形式一般有直线制、________和____________三种。

7. 直线职能制以________为主体，既保持了直线制________的优点，又摒弃了直线制________的弊端，发挥了职能部门的________作用，是一种比较好的组织形式。

8. 厨房岗位人员配备应综合考虑企业________、等级、________、厨房布局状况和组织机构________等因素来确定。

9. 厨师长选配恰当与否直接关系到________________的成败，直接影响厨房生产质量的________和厨房________的高低。

二、判断题

1. 各个管理层次应当逐级指挥和逐级负责，一般情况下，也可以越级指挥。（　　）

2. 一般来说，上层管理组织的管理幅度大于基层组织。（　　）

3. 在企业规模一定的情况下，管理幅度与管理层次成反比例关系。有效管理幅度

大，被直接管理的人数多，则管理层次就可以减少。（　　）

4. 职能管理部门是企业组织结构的主体，它的规模和分工程度直接影响和决定着其他部门的设置和划分。（　　）

5. 职能管理部门的划分及其专业分工程度主要取决于企业的规模。（　　）

6. 小型饮食企业一般不单独设立行政事务部门。（　　）

7. 采取直线制组织形式的企业一般不设职能管理部门，企业内部上下之间实行垂直领导。（　　）

8. 各管理层次之间的关系即企业内部各部门的纵向关系，不存在指挥与被指挥的关系。（　　）

9. 各职能部门只对生产和服务部门的工作起指导和监督作用，它们与生产和服务部门的关系，不是领导与从属关系。（　　）

10. 在大多数小型饮食企业中，经理可以不经过任何中间环节直接对所有下属行使管理权力。（　　）

11. 人事、秘书、保卫、总务等科（组）属于职能管理部门。（　　）

12. 厨房人员因饭店规模不同、星级档次不同、出品规格要求不同，数量各异。（　　）

三、单项选择题

1. 大中型饮食企业普遍实行（　　）。

A. 二级管理　　B. 三级或四级管理
C. 五级管理　　D. 顶级管理

2. 下列组织结构形式中，一般适用于大中型饮食企业的是（　　）。

A. 直线职能制　　B. 直线制　　C. 职能制　　D. 全方位制

3. 一名领导者能够有效地直接指挥或控制的下级人员数量即（　　）。

A. 管理层次　　B. 管理幅度　　C. 管理组织　　D. 管理能力

4. 企业组织结构的主体是（　　）。

A. 职能管理部门　　B. 行政事务部门
C. 业务经营部门　　D. 企业经理

5. 下列选项中，属于业务经营部门的是（　　）。

A. 厨房　　B. 财务部　　C. 人事部　　D. 经理办公室

6. 经理——厨师长——主管——职工，这属于（　　）管理层次。

A. 二级　　B. 三级　　C. 四级　　D. 五级

7. 实践中多采用比例推算法确定厨房人员数量，档次较高的饮食企业一般每

(　　)个餐位配 1 名厨房人员。

A. 10 ~ 13　　B. 13 ~ 15　　C. 15 ~ 20　　D. 20 ~ 25

8. 餐厅服务人员与厨房人员的比例一般是(　　)，其人员配备也可根据餐厅具体营业情况再做相应调整。

A. 1∶1　　B. 2∶1　　C. 3∶1　　D. 1∶2

四、问答题

1. 饮食企业组织结构的设置原则有哪些?

2. 什么是管理层次?

3. 直线制组织结构的概念及优缺点各是什么?

4. 在饮食企业组织结构的设置原则中，精简、有效、统一、协调的含义各是什么?

5. 饮食企业人员配备应遵循哪些原则?

6. 在确定厨房人员数量时应考虑哪几个因素?

7. 饮食企业创业者应具备哪些素质和能力要求?

8. 一名优秀的厨师应具备哪些职业素质?

第三章　菜单策划与设计

一、填空题

1. 菜单是一种推销工具，也是________与________信息交流的工具，是企业经营管理和________活动的重要依据。

2. 顾客预定宴席时，一般根据________、________、________确定宴会菜单的菜品。

3. 菜单按品种变化性不同可分为三种：一是________，二是________，三是________。

4. 饮食企业要明确目标市场，根据目标顾客的________、________来设计菜单。

5. 菜单定价要遵循按质论价、________和________的原则，合理制定菜单的价格。

6. 菜单定价策略一般有三种：一是以________为中心的定价策略，二是以________为中心的定价策略，三是以________为中心的定价策略。

7. 菜单定价方法有多种，常用的有随行就市法、________法、________法、主要成本率法、________法。

8. 菜单内容主要包括饮食产品的名称、________、________和____________等。

9. 中式菜名大致可分为两大类，一类是________菜名，另一类是________菜名。

10. 菜单上的插图、________必须与________、________及餐厅的________相协调。

11. 饮食企业要尽量选择一些反映自身特色的菜点列于菜单上。所谓特色是指在________、________和________等方面人无我有或人有我优。

12. 菜单布局主要是指菜单内容的________。菜单应按照________编排内容。

二、判断题

1. 菜单可以说是饮食业的“橱窗”。 (　　)

2. 套菜菜单也称定食菜单、公司菜单，顾客可以随意点菜，只要按照一个固定的价格付款即可。 (　　)

3. 菜单既是艺术品又是宣传品。 (　　)

4. 菜单的策划与品种选择是菜单设计工作的核心，它是决定饮食企业能否实现经

营目标的关键。（　　）

5. 一些声誉好、名望高的餐厅，其菜单价格可略高。（　　）

6. 不论在旺季还是淡季，菜单价格都应该保持不变。（　　）

7. 对于注重体现身份和地位的顾客，饮食企业的档次和产品定价越高，在一定的价格范围内，越受这些顾客的欢迎。（　　）

8. 菜单的价格不可随意涂改，但若有必要调整价格，也可适当涂改。（　　）

9. 饭店可使用塑料和绸绢制作菜单封面。（　　）

10. 菜单必须印刷出来展示给顾客，不能手写。（　　）

11. 我国旅游饭店的团体餐厅、陪同餐厅都使用混合式菜单。（　　）

12. 菜单定价是否合适与菜点的销售状况、饮食企业利润目标的实现及企业的竞争地位无关。（　　）

13. 饮食产品的价格是顾客判断其价值的主要依据。（　　）

14. “熊猫戏竹”“鲤鱼跳龙门”属于写实性菜名。（　　）

15. 菜单的价格应依据菜点的名贵程度而定。（　　）

16. 菜单中使用的英文字母的字号不可小于 24 点。（　　）

17. 菜单的制作材料是决定菜单外观质量的重要因素。（　　）

18. 菜单的色彩能反映一家餐厅的情调和风格。（　　）

三、单项选择题

1. 餐厅的产品目录是（　　）。

A. 菜单　　B. 招牌　　C. 电视　　D. 报纸

2. 餐厅中最常见、使用最为广泛的菜单为（　　）菜单。

A. 套菜　　B. 点菜　　C. 团体包餐　　D. 特殊

3. 宴席菜点分量要足，应以平均每人吃到（　　）克左右净料为宜。

A. 250　　B. 350　　C. 500　　D. 750

4. 春节团圆家庭菜单属于（　　）菜单。

A. 套菜　　B. 点菜　　C. 团体包餐　　D. 特殊

5. 常用于顾客流动性较大的宾馆、旅游饭店及各类社会饮食企业的菜单是（　　）菜单。

A. 固定　　B. 循环　　C. 综合　　D. 套菜

6. 适合于饭店、宾馆为旅游团队、会议包餐及长住型顾客使用的菜单是（　　）菜单。

A. 固定　　B. 循环　　C. 综合　　D. 套菜

7. 菜单一般由（　　）策划。

A. 总经理　　B. 企业经理或厨师长

C. 餐厅经理　　D. 厨师

8. 下列菜点中，（　　）的菜点往往起到吸引顾客的作用，从而带动其他菜点的销售。

A. 畅销但利润低　　B. 畅销且利润高

C. 不畅销但利润高　　D. 不畅销且利润低

9. 下列菜点中，（　　）的菜点一般不列入菜单。

A. 畅销但利润低　　B. 畅销且利润高

C. 不畅销但利润高　　D. 不畅销且利润低

10. 利用顾客对产品形象、品质的感觉和产品的声望进行定价的方法是（　　）。

A. 随行就市法　　B. 毛利率法

C. 主要成本率法　　D. 声望定价法

11. 大量的调查研究表明，单页菜单的（　　）部位一般最受顾客关注。

A. 中央　　B. 前半页　　C. 页首　　D. 页末

12. 大量的调查研究表明，对折菜单的（　　）部位一般最受顾客关注。

A. 右首页中央　　B. 左首页中央

C. 页首　　D. 页末

13. 菜单中使用的汉字一般不可小于（　　）号字。

A. 三　　B. 四　　C. 五　　D. 六

14. 循环菜单使用周期一般以（　　）为宜。

A. 一周　　B. 一个月　　C. 一个季度　　D. 一年

15. 一般来说，菜单一页纸上的图文面积以占整页的（　　）为佳。

A. 30%　　B. 40%　　C. 50%　　D .60%

四、问答题

1. 菜单的功能有哪些?

2. 如何划分菜单的种类?

3. 选择菜单品种的原则有哪些?

4. 菜单策划设计的准备工作有哪些?

5. 菜单定价的原则有哪些?

6. 什么是系数定价法?

第四章　原材料管理

一、填空题

1. 采购品种必须对路。对路包括两方面的含义：一是________，即购进的原材料符合经营活动的需要；二是________，即购进的原材料有利于生产出畅销的饮食产品，扩大产品的销路。为此，原材料的采购要________、以进促销。

2. 要切实做到每一笔采购都有________，都要进行验价格、验________、验________等验收环节。

3. 为了搞活饮食企业经营，满足顾客的多种需要，使企业所采购的原材料品种对路、________、________、________、到货准时，企业必须选择正确的采购渠道和采购方法。

4. 自制凭证只限于在特定条件下采购原材料专用，并要严格执行________、________、企业________的三级审核制度。

5. 饮食经营中的原材料验收通常采用两种基本验收方法，一是________验收，二是________验收。

6. 验收单一式四份，一份交库房记账，一份交________，一份交________保存，一份________留底。

7. 储藏是收货和________之间的重要环节，储藏管理的好坏对________有直接的影响。

8. 在储藏和保管工作中，合理的________、有效的________、严格的________，是加强原材料储藏和保管工作的基本要求。

9. 原材料发放要确保能及时地满足生产要求，要确保发出的每种原材料都有手续和记录，而且发放的数量和记录的金额都准确无误，做到________、________、________三者完全相符。

10. 领料单必须一式三份，一份随发出原材料交回________部门，一份转交________部门，一份由________留存，以汇总每日领料情况。

11. 领料单是库房发放原材料的原始凭证，领料单上要正确地记录库房向各厨房发放的原材料品名、________以及实发原材料的________和________。

12. 饮食产品原材料的储藏方法有干藏法、________、________等，另外，还有盐腌、糖渍、烟熏等储藏保管方法。

13. 对于长期未使用的库存原料，库房管理人员应该主动提醒主管人员尽快使用，避免造成腐败、变质、过期或________，以提高资金的周转速度，充分利用库房________，提高管理效率。

14. 发料人员要坚持原则，做到没有领料单不发放，没有________不发放，有________或不清楚的不发放，________的不发放。

二、判断题

1. 采购是饮食企业经营活动的起点，而厨房生产是饮食企业经营活动的首要环节。（　　）

2. 原材料的质量直接影响饮食产品的质量。（　　）

3. 采购程序是采购工作的核心。（　　）

4. 库存原材料要遵循先进先出、循环使用的原则。（　　）

5. 库房应一天 24 小时开放，任何时间都可以领料。（　　）

6. 采购过程中要签好业务合同，尽可能批量进货，以降低价格和成本。（　　）

7. 为使原材料新鲜、质优价廉、品种多样，原材料采购宜少渠道，多环节，就近选择市场，产销直接挂钩。（　　）

8. 采购规格书是根据饮食企业菜单中的产品要求编制的。（　　）

9. 采购部门要按计划进行采购，但日常的零星购置不必制订计划。（　　）

10. 除直接拨付厨房使用的蔬菜等鲜活原料外，其他所有采购物资都必须由验收人员或仓库管理人员进行验收。（　　）

11. 验收的位置和场所的大小直接影响货物交接验收的效率和工作量。（　　）

12. 按发票验收的方法可减少差错，但比较费时、费工。（　　）

13. 库房发料后，只需发料人签字，而收料人不必签字。（　　）

三、单项选择题

1. 验收员验收完货物后，应在发票上签字并加盖发票收讫章，再将发票送至（　　）。

A. 财务部门　　B. 供应商　　C. 采购部门　　D. 厨房

2. 干藏库房一般不需要供热和制冷设备，其最佳储藏温度为（　　）℃。

A. 5 ~ 15　　B. 15 ~ 21　　C. 21 ~ 31　　D. 31 ~ 37

3. 干藏库房应保持相对干燥，适宜的相对湿度为（　　）。

A. 30% ~ 50%　　B. 50% ~ 60%

C. 60% ~ 70%　　D. 70% ~ 80%

4. 冷藏时要将冷库或冰箱的温度控制在（　　）℃，使储存的食品冷却而不冻结。

A. −5 ~ 2　　B. 2 ~ 5　　C. 5 ~ 15　　D. 15 ~ 21

5. 冰冻食品到货后应及时置于（　　）℃以下的冷库中储藏。

A. 0　　B. −5　　C. −10　　D. −18

6. 领料单必须由（　　）核准签字，库房才能发料。

A. 总经理　　B. 厨师长　　C. 主管　　D. 领班

7. “大抵一席佳肴，司厨之功居其六，买办之功居其四”反映的是（　　）的作用。

A. 刀工　　B. 烹调　　C. 采购　　D. 验收

8. 鲜活的鱼虾适于用（　　）法储藏。

A. 盐腌　　B. 酒渍　　C. 活养　　D. 糖渍

四、问答题

1. 原材料采购工作的基本要求是什么?

2. 饮食产品原材料主要来自哪些渠道?

3. 一名合格的原材料采购员应具备哪些条件?

4. 原材料采购管理应重点加强哪几个方面的工作?

5. 简述验收的程序。

6. 冷藏的具体要求是什么?

7. 库房发放原材料的要求是什么?

8. 原材料保管、存放应做到哪些要求?

第五章　厨房生产与管理

一、填空题

1. 饮食企业产品质量由三个部分组成，即有形的饮食设施和________，以及无形的服务和________。

2. 科学合理的厨房布局可以节省生产人员的________，降低厨房________，方便管理，提高工作质量和劳动效率。

3. 厨房位置的安排要与厨房的________相适应，要有利于工作人员之间的联系，有利于厨房________管理。

4. 厨房面积的大小受厨房的生产性质、________、厨房所使用原材料的________、厨房生产量、________等因素的制约。

5. 厨房内部的环境布置主要包括厨房的高度、________、________、________及排水系统等。

6. 厨房的作业区由若干个________组成。________是厨房布局的最基本单位，是一位员工的操作岗位。

7. 厨房作业区的布局通常有直线型布局、________布局、________布局、________布局等几种类型。

8. 厨房常用的冷藏储柜有冰箱、________、________、冷库等。

9. 厨房业务工作就是将厨房生产的各个________进行系统性的安排和控制，使整个________系统形成一个高效率的整体。

10. 在开餐的这段时间内，厨房应以________的进展为依据，以________为中心安排工作，厨房中的一切工作岗位都要服从________的需要。

11. 让顾客满意是饭店经营的________。实际上，顾客的满意度主要取决于两个方面的因素，一是________的满意度，二是________的满意度。

12. 厨房是饮食企业的生产部门，厨房生产管理是整个饮食企业管理的重要组成部分，厨房的生产水平和________直接关系饮食企业的________和________，影响企业的经营效益。

13. 厨房的餐具、用具都必须进行严格消毒，做到“一刮、二________、三________、四________、五保洁”。

二、判断题

1. 厨房是饭店唯一生产实物产品的部门。（ ）
2. 厨房工作的质量直接影响饮食企业的产品质量。（ ）
3. 餐厅是整个饮食经营活动的中枢。（ ）
4. 厨房布局是否合理直接影响着员工的工作量、工作方式和工作态度。（ ）
5. 厨房面积的大小对厨房生产至关重要，它直接影响着厨房的工作效率，但不会影响产品质量。（ ）
6. 通常来说，厨房除辅助间外，其面积应占饮食企业总面积的 21% 左右。（ ）
7. 炉灶的结构形式和性能好坏对厨房生产效率及菜点质量有很大影响。（ ）
8. 餐厅营业结束就意味着厨房生产的结束。（ ）
9. 厨房管理是厨房生产获得成功的关键。（ ）
10. 提高厨房人员素质的关键在于培训。（ ）
11. 我国大多数饭店、餐馆在经营中有明显的季节性。（ ）
12. 成本控制的水平是衡量厨房管理水平的主要标准之一。（ ）

三、单项选择题

1. 饮食企业产品质量的核心部分是（ ），它是顾客评价企业服务水平的主要标准。

A. 饮食环境　B. 微笑服务　C. 菜点质量　D. 烹饪技艺

2. 厨房除辅助间外，其面积通常应占餐厅总面积的（ ）。

A. 20% ~ 30%　B. 30% ~ 40%　C. 40% ~ 50%　D. 50% ~ 60%

3. 根据工程学要求和厨房生产经验，厨房的高度一般以（ ）米为宜。

A. 2.8 ~ 3.2　B. 3.2 ~ 3.8　C. 3.8 ~ 4.8　D. 4.2 ~ 4.8

4. 一般来说，厨房适宜的环境温度应为（ ）℃左右。

A. 10　B. 15　C. 20　D. 30

5. 饮食企业进行菜点制作的场所是（ ）。

A. 厨房　B. 车间　C. 饭店　D. 餐厅

6. 厨房评定“技术能手”属于（ ）激励。

A. 角色　B. 竞争　C. 荣誉　D. 物质

四、问答题

1. 厨房生产的特点是什么?

2. 厨房的作用主要表现在哪些方面?

3. 什么是厨房布局? 影响厨房布局的因素有哪些?

4. 一个好的炉灶必须具有哪些基本条件?

5. 厨房生产的班后业务主要有哪些?

6. 厨师在菜肴的开发与创新中应着重考虑哪些因素?

7. 什么是厨房管理? 简述厨房管理的作用。

8. 厨房人员管理的目标主要有哪些?

9. 厨房设备管理应采取哪些措施?

10. 为了确保菜点的卫生，厨房应从哪几个方面加强管理?

11. 加强厨房安全管理，应主要从哪几个方面着手?

12. 简述厨房外包管理的优势和弊端。

第六章　餐厅服务与管理

一、填空题

1. 餐厅是为顾客提供________及相关________的公共就餐场所。

2. 餐厅具有双重含义，它既是销售的场所，也是________的场所。餐厅的设施、设备、________是构成餐厅的基本条件。一般来说，餐厅必须具备三项基本条件，一是有一定的场地，二是提供食品、饮料和服务，三是________。

3. 餐厅可从不同的角度划分类型。按经营方式不同，餐厅可分为________、自助餐厅和________等；按经营品种不同，餐厅可分为中餐厅、________、咖啡厅和外域风味餐厅。

4. 餐厅的室内环境主要包括餐厅的采光与色调、通风与________、________、文化艺术装饰等内容。

5. 人工照明通常可分为两种形式，一是________，二是________。

6. 餐厅绿化饰品一般以________和________为主。

7. 餐厅的插花一般有三种风格，一是民族风格，二是________，三是________。

8. 瓷器的种类繁多，按材质不同可分为一般瓷器、________和________，按花色不同又可分为纯白瓷器、手绘瓷器、用花纹色纸制成的________和釉上彩瓷器三种。

9. 根据餐厅各岗位业务不同，餐厅服务人员一般可分为门厅应接、________、________、________、账务员、酒水员、清洗员等。

10. 对餐厅服务员服务态度的基本要求是主动、________、________、________、文明、礼貌，使顾客高兴而来，满意而去。

11. 为了更好地为顾客服务，服务员要练好摆台、________、走步、算账、________等基本功，掌握________、上菜、斟酒和口布折花等服务技能。

12. 餐厅服务质量的内容是由餐厅的设备设施质量、________、________、安全状况和________五个方面构成的。

13. 加强餐厅日常服务质量的管理可采用“PDCA”循环工作法，这种工作法是指通过计划（plan）、________（do）、________（check）和________（action）四个阶段完成工作并不断循环的工作方法。

14. 现代饮食服务具有无形性、________、________、差异性等特点。

二、判断题

1. 厨房处于饮食生产经营的第一线。（　　）
2. 饭店、餐厅都是以营利为目的。（　　）
3. 餐厅服务是一种特殊的商品。（　　）
4. 餐厅服务既是一门技术，也是一门艺术。（　　）
5. 餐厅接待服务水平是衡量饮食企业服务水平的首要因素。（　　）
6. 设施设备、菜点质量、环境气氛是餐厅服务质量的基础。（　　）
7. 顾客对服务质量的评价是一次性的。（　　）
8. 服务质量是餐厅的生命线。（　　）
9. 一般来说，档次越高的餐厅，对服务水平的要求也越高。（　　）
10. 餐厅动线应力求减少曲折之处，宽度要适当。（　　）
11. 在春季，餐厅应以冷色调为主。（　　）
12. 所有餐厅都应配有一定数量的屏风。（　　）
13. 盆树不宜点缀大餐厅的四角和楼梯进出口等场地。（　　）

三、单项选择题

1. 餐厅一般采用比较柔和的（　　）进行基本照明。

A. 顶灯　　B. 吊灯　　C. 壁灯　　D. 聚光灯

2. 在夏季，餐厅的色调应以（　　）为主。

A. 明快的色调　　B. 冷色调

C. 成熟、强烈的色调　　D. 暖色调

3. 餐厅色调影响人的情绪，（　　）应以暖色调为主。

A. 春季　　B. 夏季　　C. 秋季　　D. 冬季

4. 一般餐厅室内温度维持在（　　）℃为宜。

A. 15 ~ 18　　B. 18 ~ 21　　C. 21 ~ 24　　D. 24 ~ 28

5. 工作台是服务员在顾客用餐期间为顾客服务的基本设施，以（　　）制品为最好。

A. 木　　B. 铝合金　　C. 不锈钢　　D. 玻璃

6. 负责引领顾客入座、递送菜单、送上饮料、介绍菜点、点菜、结账等工作的是（　　）。

A. 领台　　B. 看台　　C. 跑菜员　　D. 账务员

7. 零点服务又称（　　）服务，是饮食企业最基本的服务形式。

A. 散客　B. 宴会　C. 迎宾　D. 就餐

8. 大型宴会一般在开宴前（　　）分钟左右摆放冷盘。

A. 5　B. 10　C. 15　D. 20

9. 服务员的（　　）是服务水平的基本保证和重要标志。

A. 服务态度　B. 服务技能和服务技巧

C. 微笑服务　D. 热情服务

10. 直径为 150 厘米的圆桌，一般可配置（　　）张靠椅。

A. 8　B. 10　C. 12　D. 16

11. 下列选项中，（　　）不属于餐厅服务员使用文明用语时的“三声”。

A. 招呼声　B. 问答声　C. 答谢声　D. 送别声

四、问答题

1. 餐厅总体布局的一般要求是什么?

2. 简述餐厅服务的含义。

3. 中餐散客服务的一般程序是什么?

4. 中餐宴会服务可分为哪几个基本环节?

5. 餐厅接待服务要符合哪些要求?

6. 餐厅服务质量的特点是什么?

7. 如何做好餐厅服务质量管理?

8. 什么是现场控制? 现场控制的主要内容是什么?

第七章　饮食成本核算与控制

一、填空题

1. 饮食成本核算是指针对饮食企业用于制作饮食产品和提供________过程中的各种________和支出的总和进行的核算。根据业务性质，饮食成本可分为生产成本、销售成本和________成本。

2. 饮食产品原材料成本包括饮食产品的主料、________、________和这些原材料的合理损耗。

3. 饮食产品成本核算的方法有________和________。

4. 饮食产品的主料、配料一般要经过拣洗、________、________、涨发、________等加工处理之后，才能用来配制成品。

5. 影响净料成本的因素主要有两类：一是原材料的进货价格、________和加工处理前的________，二是________的高低。

6. 净料根据其拆卸加工方法和处理程度的不同，可分为________、________和________三类。

7. 调味品用量的估算方法大致有三种，即________、________和________。

8. 饮食产品的销售价格由________、________、________及利润四部分构成。

9. 计算饮食产品销售价格的方法有________和________两种。

10. 净料率也称________，就是________与________的比率。

11. 毛利率可分为两种：一种是________毛利率，它是毛利与产品销售价格之间的比率，也称________毛利率或简称为毛利率；另一种是成本毛利率，它是毛利与产品成本之间的比率，也称________毛利率或加成率。

12. 饮食企业要降低经营管理费用，主要应采取的措施有________、________、减少重点项目的费用开支等。

二、判断题

1. 合理制定销售价格有赖于准确的成本核算。（　　）

2. 成本核算是制定饮食产品价格的基础。（　　）

3. 饮食产品的成本是它所耗用的各种原材料的成本之和。（　　）

4. 调料、辅料是构成饮食产品的主体。（　　）

5. 凡是经过加工的原材料都称为净料。（　　）

6. 净料率越高，净料成本也就越高。（　　）

7. 饮食产品的销售价格由产品成本和毛利两部分构成。（　　）

8. 产品成本一定时，毛利率越低，产品价格就越高，企业利润也就越高。（　　）

9. 要核算产品成本，必须首先从核算主料、配料成本开始。（　　）

10. 损耗率就是毛料在加工处理中所损耗的重量与毛料重量的比率。（　　）

11. 在饮食产品成本中，调味品成本是比较稳定的。（　　）

12. 在切配过程中，应根据原材料的实际情况，整料整用，大料大用，小料小用，下脚料综合利用。（　　）

13. 成本毛利率容易反映饮食产品销售总额中毛利所占的比重。（　　）

三、单项选择题

1. 组成产品的直接原材料即（　　），其成本直接构成产品的成本。

A. 净料　B. 毛料　C. 生料　D. 熟料

2. 饮食企业水电费的支出属于（　　）。

A. 产品成本　B. 生产经营费用　C. 税金　D. 利润

3. 下列选项中，不属于饮食企业成本要素的是（　　）。

A. 主料成本　B. 调料成本　C. 配料成本　D. 运输费用

4. 饮食业中的“折”或“成”指的是（　　）。

A. 净料率　B. 毛料率　C. 成本毛利率　D. 成本系数

5. 下列选项中，属于产品成本的是（　　）。

A. 主料成本　B. 水电费　C. 运输费　D. 折旧费

6. 反映企业经营成果好坏的指标是（　　）。

A. 产品成本　B. 税金　C. 利润　D. 生产经营费用

7. 现有一条 3 千克的草鱼，经宰杀等初步加工后，得净鱼一条，其重量为 2.1 千克，则净料率为（　　）。

A. 60%　B. 70%　C. 80%　D. 90%

8. 已知一盘菜的成本为 16.5 元，销售毛利率为 45%，这盘菜的售价应为（　　）元。

A. 28　B. 32　C. 30　D. 36

四、问答题

1. 饮食成本核算有何意义?

2. 影响净料成本的因素主要有哪些?

3. 什么是复合调味品?

4. 销售毛利率和成本毛利率的优缺点各是什么?

5. 应采取哪些措施控制饮食企业的成本?

6. 饮食企业主要应采取哪些措施降低经营管理费用?

7. 在加工过程中应怎样控制原材料成本?

8. 什么是综合毛利率?

9. 什么是成本系数?

五、计算题

1. 出骨腿肉 50 千克（单价 22 元 / 千克），经过拆卸分档处理，得精肉 36 千克、肉皮 6.5 千克、肥膘 7.5 千克。已知肉皮每千克 16 元，肥膘每千克 10 元，求精肉的单位成本。

2. 将 3 千克土豆清洗、去皮、加工得土豆丝 2.4 千克，其净料率是多少？若土豆进价为 5 元 / 千克，求 300 克土豆丝的成本。

3. 某餐馆自制辣椒红油 5 千克，共使用干辣椒 0.5 千克（单价 18 元 / 千克），色拉油 5.2 千克（单价 20 元 / 千克），耗用燃料成本 3.8 元，求辣椒红油的单位成本。

4. 制作一盘“榨菜肉丝”需里脊肉 250 克(单价 26 元 / 千克)，净榨菜丝 100 克(已知榨菜进价为 5.2 元 / 千克，净料率为 80%)，盐、味精等调料成本为 1 元，求该盘“榨菜肉丝”的成本。若销售毛利率为 45%，则其售价应为多少元?

5. 某厨房生产“千层糕”300 块，其用料情况如下：面粉 6 千克(单价 5 元 / 千克)、白糖 6 千克(单价 9 元 / 千克)、板油 2 千克(单价 12 元 / 千克)、熟猪油 0.6 千克(单价 16.5 元 / 千克)，求每块“千层糕”的成本。若成本毛利率为 90%，则每块售价应为多少元?

6. 某顾客预订中档宴席 10 桌，每桌售价 1 600 元。若宴席的成本率为 40%，则该宴席的成本应为多少元?

7. 某酒店供应宴席 20 桌，每桌售价为 1 500 元。若销售毛利率为 55%，则该宴席的成本应为多少元?

第八章　饮食企业市场营销

一、填空题

1. 影响饮食业市场需求的因素有很多，有政治、________、技术、文化、人口等。但就具体的饮食企业而言，主要应着力于对顾客消费能力、________、________以及________等方面的调研。

2. 饮食企业市场分析主要是指对饮食企业所在地的市场环境、________、________以及本企业资源、________等情况进行综合分析，从而为企业选择目标市场提供可靠的依据。

3. 饮食企业的店址选择是指企业根据事先确定的________选择合适的________。

4. 饮食企业的整体设计主要是指饮食企业整个运营系统的设计、________，一般包括企业的命名、____________以及________等。

5. 饮食企业的外观主要由建筑外观造型、________和________装潢以及________组成。

6. 饮食企业建筑的外观造型大致可以分为五种不同的类型，即________、园林式、________、________和综合式。

7. 门面装潢应与企业的________相适应，将内部设施、内部装潢的水准在门面上反映出来。整个门面装潢要美观大方，注意烘托和突出________，并能显示出饮食企业的经营范围和________。

8. 饮食企业产品策略的运用通常表现为产品精品化、________、________、________等几个方面。

9. 饮食企业在激烈的市场竞争中，除了以优质的特色菜取胜以外，还必须在________、________、________上下功夫。

10. 价格策略就是把________与企业的________巧妙地结合起来，从而制定出能够为顾客接受而又能够最好地实现企业________的价格。

11. 顾客的饮食消费心理大致可分为五种类型，即便利型、________、________、求新型、________。

12. 平价策略也称________策略，是一种介于________和________之间的策略。

13. 特价优惠策略主要适用于________饮食企业，在具体运用上主要包括________策略和________策略。

14. 饮食企业的公共关系策略有两种：一种是________策略，即通过积极主动的公共关系活动为本企业树立良好的社会声誉；另一种是________策略，即通过开展公共关系活动避免或减轻对企业声誉的不良影响。

二、判断题

1. 市场营销简单地说就是推销。（　　）
2. 企业在选择目标市场时，首先要对企业所在地进行市场分析。（　　）
3. 饮食企业市场营销是否成功，最终取决于企业经理的态度和行为。（　　）
4. 市场营销是驾驭市场的经营手段。（　　）
5. 纵观现代饮食业，凡是发展较好的餐厅都有一个共同的特点——有高档的装潢。（　　）
6. 人流密集的地方（如机场、车站、码头）是开设高档饭店的首选地点。（　　）
7. 传统名店的店名并不一定具有华贵之气。（　　）
8. 中低档饮食企业以人名、地名命名，是一种很好的命名策略。（　　）
9. “加州牛肉面”“晋阳楼”“杏花村”“老四川”等饭店是以地名来命名的。（　　）
10. 招牌是饮食企业十分重要的宣传工具，它在企业的外观设计上往往起到画龙点睛的作用。（　　）
11. 店外环境的总体布局要合理，有韵律和节奏感。（　　）
12. 竞争要取胜，质量要过硬。产品质量与产品竞争能力成正比。（　　）
13. 饮食产品能否吸引顾客，关键在于产品的风味特色。（　　）
14. 餐厅不但要抓好服务质量，同时在服务形式上要敢于创新。（　　）
15. 高价策略也称渗透定价策略，是指采用高价迅速收回投资，力求较快取得成效的一种营销策略。（　　）
16. 如果要创办知名饮食企业，就必须实行明码标价，这样才能取信于顾客，赢得顾客。（　　）
17. 折扣策略是指企业采用按原价降低若干百分比（折扣率）的优惠销售方式来吸引顾客的一种策略。（　　）
18. 饮食企业在进行广告促销时，应着重瞄准一个消费阶层或消费群体。（　　）
19. 大众化饭店和实力雄厚的大饭店，均可以采用高价策略。（　　）

三、单项选择题

1. 下列选项中，不属于企业自身竞争条件的是（　　）。

A. 企业的整体形象　　B. 企业的社会知名度

C. 企业设施的特点　　D. 竞争对手状况

2. 下列选项中，（　　）招牌多用于具有轻松气氛的非正规餐饮企业中，如风味餐馆、咖啡厅、酒吧等。

A. 人物、动物造型　　B. 直立式

C. 壁式　　D. 悬吊式

3. 渗透定价策略又称（　　）策略。

A. 低价　　B. 平价　　C. 特价　　D. 高价

4. 被称为“满意策略”或“君子策略”的是（　　）策略。

A. 低价　　B. 平价　　C. 中价　　D. 高价

5. 快餐店设计的各类套餐定价是采用了（　　）定价。

A. 捆绑式　　B. 备选品　　C. 均一　　D. 混合

6.“吃 100 送 50”属于（　　）策略。

A. 平价　　B. 让价　　C. 特价品　　D. 低价

7. 注意对菜点色、香、味的享受，注重环境、服务的档次，对价格不太关心，这种类型的顾客一般属于（　　）顾客。

A. 便利型　　B. 求廉型　　C. 享受型　　D. 求新型

8. 某饭店推出“一元一斤河虾”的活动，这是运用了（　　）策略。

A. 平价　　B. 让价　　C. 特价品　　D. 低价

9. 广告要以（　　）利益为导向。

A. 顾客　　B. 企业　　C. 员工　　D. 老板

10. 企业积极参加各种社会性、公益性、赞助性公关活动，属于（　　）公共关系策略。

A. 进攻性　　B. 防守性　　C. 社会性　　D. 公益性

四、问答题

1. 什么是市场调研?

2. 饮食企业市场调研的内容主要有哪几个方面?

3. 饮食企业在选择目标市场时，必须遵循哪些原则?

4. 高档饮食企业选择经营地点时要注意哪几个问题?

5. 中低档饮食企业选择经营地点的依据是什么?

6. 饮食企业取名时应注意哪几个问题?

7. 饮食企业在设计建筑外观造型时一般要考虑哪几个因素?

8. 饮食企业常见的招牌有哪几种?

9. 饮食企业采用的价格策略一般有哪几种?

10. 什么是高价策略? 试对高价、低价、平价三种定价策略进行比较，指出其各自的优点和缺点。

11. 运用开业亏损酬宾策略时应注意哪几个方面的问题?

12. 运用特价品策略时应注意什么问题?

13. 饮食企业开展广告促销时应注意哪些问题?

14. 什么是公共关系？饮食企业的公共关系一般包括哪两个方面?

模拟试卷

一、填空题（每空1分，共20分）

1. 饮食业是指专门从事________、________，并提供消费场所、设备和服务性劳动，以满足顾客需求的行业。

2. 饮食业兼有生产、________和________三种职能。

3. 企业组织结构形式一般有直线制、________和____________三种。

4. 饮食企业的公共关系策略分为________策略和________策略。

5. 菜单是饮食企业向顾客提供商品的目录，其内容主要包括________、________的品种和价格。

6. 验收单一式四份，一份交库房记账，一份交________，一份交________保存，一份自存留底。

7. 厨房位置的安排要与厨房的________相适应，要有利于工作人员之间的联系，有利于厨房________管理。

8. 厨房常用的冷藏储柜有冰箱、________、________、冷库等。

9. 人工照明通常可分为两种形式，一是________，二是________。

10. 饮食产品成本核算的方法有________和________。

二、判断题（每题1分，共20分）

1. 饮食企业的经营活动往往受气候、地理位置、交通条件等因素的影响。（　　）

2. 厨房是饮食企业内部直接从事生产活动的单位。（　　）

3. 菜单中的英文字母的字号一般不可小于24点。（　　）

4. 饮食企业的经营具有一定的复杂性、波动性。（　　）

5. 领料单是库房发放原材料的原始凭证。（　　）

6. 菜单的内容主要包括菜点、饮料的品种和价格。（　　）

7. 饮食产品的销售价格由产品成本和毛利两部分构成。（　　）

8. 饮食产品原材料的质量对饮食产品的质量有直接的影响。（　　）

9. 毛利率是决定企业效益的重要因素。（　　）

10. 成本控制情况是衡量一个厨房管理水平的主要标准之一。（　　）

11. 一般来说，饭店经营的宗旨是让顾客满意。（　　）

12. 饮食企业餐具、用具的消毒要做到“一洗、二刮、三冲、四消毒、五保洁”。（　　）

13. 餐厅既是销售的场所，也是服务的场所。（　　）

14. 餐厅服务也是一种商品。（　　）

15. 衡量饮食企业服务质量的首要因素是服务态度。（　　）

16. 成本核算是制定饮食产品价格的基础。（　　）

17. 餐厅是饮食企业整个经营活动的中枢。（　　）

18. 原材料的净料率与原材料成本成反比。（　　）

19. 菜单的价格应依据菜点的名贵程度来制定。（　　）

20. 在饮食产品成本中，调味品成本是比较稳定的。（　　）

三、单项选择题（每题 1.5 分，共 45 分）

1. 从广义上讲，下列不属于饮食业的是（　　）。

A. 学校食堂　B. 家庭餐厅　C. 餐馆　D. 饮食小摊

2. 一般来说，菜单一页纸上的图文面积以占整页的（　　）为佳。

A.30%　B.40%　C.50%　D.60%

3. 年轻的顾客往往注重菜点或者服务的新颖、刺激、别致，这种顾客属于（　　）顾客。

A. 便利型　B. 享受型　C. 求新型　D. 健康型

4. 下列选项中，不属于饮食业三大职能的是（　　）。

A. 生产　B. 销售　C. 服务　D. 营业

5. 将宴席定价为 888 元是运用了（　　）定价策略。

A. 尾数　B. 声望　C. 谐音口彩　D. 组合

6. 下列选项中，可以作为中低档饭店店名的是（　　）。

A. 东方酒楼　B. 贵宾酒店　C. 杏花村　D. 王府饭店

7. 对长住型顾客适宜使用（　　）菜单。

A. 循环　B. 固定　C. 综合　D. 客房送餐

8. 一般直径为 150 厘米的圆桌可配置（　　）张靠椅。

A. 8　B. 10　C. 12　D. 16

9. 一席菜的分量应以用餐者平均每人吃到约（　　）克净料为宜。

A. 400　B. 500　C. 600　D. 100

10. 餐前鸡尾酒服务一般是在（　　）为先到的宾客提供的酒水服务。

A. 宴会厅门口　　B. 宴会厅内　　C. 休息室　　D. 会客室

11. 下列菜点中，（　　）菜点一般不列入菜单。

A. 畅销且利润高　　B. 畅销但利润低

C. 不畅销但利润高　　D. 不畅销且利润低

12. 在产品优惠价格策略中，“吃 100 送 50”属于（　　）策略。

A. 让价　　B. 特价品　　C. 折价　　D. 降价

13. “大抵一席佳肴，司厨之功居其六，买办之功居其四”反映的是（　　）在烹饪中的作用。

A. 菜单　　B. 刀工　　C. 烹调　　D. 采购

14. 领料单必须由（　　）核准签字，库房才能发料。

A. 总经理　　B. 厨师长　　C. 主管　　D. 领班

15. 在冬季，餐厅的色调应以（　　）为主。

A. 明快的色调　　B. 冷色调　　C. 成熟、强烈的色调　　D. 暖色调

16. 一般来说，厨房除辅助间外，其面积应占餐厅总面积的（　　）。

A. 15% ~ 25%　　B. 25% ~ 35%　　C. 40% ~ 50%　　D. 50% ~ 60%

17. 下列选项中，费用不计入饮食产品成本的是（　　）。

A. 主料成本　　B. 调料成本　　C. 配料成本　　D. 职工工资

18. 内扣毛利率指的是（　　）。

A. 销售毛利率　　B. 成本毛利率　　C. 综合毛利率　　D. 成本系数

19. 快餐店设计的各类套餐定价是采用了（　　）定价。

A. 捆绑式　　B. 备选品　　C. 均一　　D. 混合

20. 采用冻藏法时，要将食品或原材料放置在（　　）的冷库中储藏。

A. 0 ℃　　B. −10 ℃　　C. −18 ℃以上　　D. −18 ℃以下

21. 春节团圆家庭菜单属于（　　）菜单。

A. 混合式　　B. 套菜　　C. 特殊　　D. 宴会

22. 库房应按（　　）发放原材料。

A. 采购单　　B. 验收单　　C. 领料单　　D. 发放单

23. “竞争要取胜，质量要过硬”是指在产品竞争中要做到产品（　　）。

A. 精品化　　B. 特色化　　C. 创新化　　D. 组合化

24. 餐厅服务人员与厨房人员的比例一般是（　　），其人员配备也可根据餐厅具体营业情况再做相应调整。

A. 1∶1　　B. 2∶1　　C. 3∶1　　D. 1∶2

25. 鲜活的鱼虾一般采用（　　）法储藏。

A. 盐腌　　B. 酒渍　　C. 活养　　D. 糖渍

26. 下列餐厅中，（　　）的餐厅插花都用外国花材，其中以玫瑰为佳。

A. 民族风格　　B. 西方风格　　C. 东方风格　　D. 中西混合

27. 下列菜名中属于写实性菜名的是（　　）。

A. “豆瓣鲫鱼”　　B. “四喜肉”　　C. “鸳鸯戏水”　　D. “荷塘月色”

28. 有的饭店通过颁发“优秀员工”“技术能手”等证书来调动员工的积极性，这种激励属于（　　）激励。

A. 情感　　B. 角色　　C. 荣誉　　D. 竞争

29. 在饮食企业中，（　　）负责计划、核算、指导、监督和协调工作。

A. 业务经营部门　　B. 职能管理部门

C. 行政事务部门　　D. 领导部门

30. 在菜单定价时，把竞争同行的菜单价格引为己用，此法称为（　　）。

A. 随行就市法　　B. 系数定价法

C. 毛利率法　　D. 声望定价法

四、问答题（每题5分，共10分）

1. 饮食业有哪些基本特点?

2. 菜单定价的原则有哪些?

五、计算题（每题5分，共5分）

某厨房制作“炝腰花”一盘，耗用原材料的费用为26元，若其销售毛利率为45%，则这盘“炝腰花”的售价应是多少元?